AF230610

P. CHEVALIER

FRANCE

ET

RÉFORMES

« L'ennemi, c'est la force d'inertie
d'une part, et les fonds de reptiles
de l'autre. »

P. C.

PARIS

AUGUSTE GHIO, ÉDITEUR

PALAIS-ROYAL, 1, 3, 5 ET 7, GALERIE D'ORLÉANS

1886

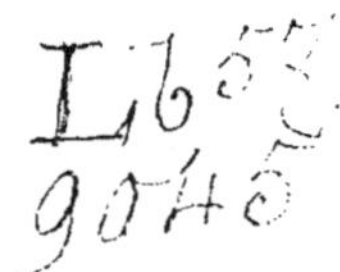

AVANT-PROPOS

Je prie mes lecteurs d'être indulgents pour cette petite brochure.

Je ne suis ni écrivain, ni homme public. Je n'ai jamais recherché et ne briguerai jamais aucune fonction élective.

Je suis républicain de la veille, et je le resterai demain; parce qu'à mon avis, il est plus rationnel de choisir, comme représentant du pouvoir exécutif, un homme notoirement connu par ses capacités, ses talents et ses vertus que de confier ce pouvoir héréditaire à une famille, dans laquelle se succèderont nécessairement des hommes plus ou moins intelligents, plus ou moins corrompus et, en tous cas, tous imbus de préjugés dus à leur éducation, à leur entourage et au milieu dans lequel ils sont appelés à vivre. Enfin, je suis naturellement tolérant pour ceux qui ne pensent pas comme moi, à la seule condition que ceux-ci ne prétendent pas m'imposer un coup-d'état à droite ou le gâchis à gauche.

J'aime mon pays et je voudrais le voir grand et fort. Il y a sans nul doute en France beaucoup de bons Français qui partagent cette aspiration. C'est à eux que cet écrit s'adresse. Quant aux sectaires, aux politiciens, aux brouillons, aux chercheurs d'argent, aux ambitieux sans conviction, je n'ai nullement la prétention de les convertir à mes opinions. Je ne rêve qu'à les démasquer et à mettre le public en garde contre eux.

J'ai déjà fait paraître jadis, dans quelques journaux, plusieurs articles sur des sujets de ma compétence, dans l'espoir de voir des idées que je croyais justes faire leur chemin et aboutir à une solution pratique. J'ai eu la satisfac-

tion de réussir quelquefois et, encouragé par ce succès, j'ai écrit les quelques chapitres qui suivent, pensant les voir accepter et publier par les mêmes journaux qui antérieurement m'avaient fait bon acceuil. — Mais ma collaboration, toute gratuite cependant, ayant cessé d'être « personna grata », j'ai dû me résoudre à faire imprimer moi-même, sous la forme de ce factum, les lignes que l'on va lire, telles que je les avais écrites, au jour le jour, sous la dictée des événements.

P. Chevalier.

FRANCE ET RÉFORMES

5 septembre 1885.

Le vent souffle décidément du côté des réformes pratiques ; comme ces dernières ne gêneront aucune conviction politique, nous espérons qu'aucun bâton ne se mettra dans les roues de la réorganisation économique et financière du pays ! Nous espérons, disons-nous, que nos députés, une fois nommés, se souviendront des promesses des candidats et qu'ils finiront les lois suivantes :

1° *La loi sur les sociétés anonymes.*

2° *La loi sur les emprunts étrangers, provisoirement enterrée.*

Ces deux lois intéressent en effet à un égal degré la colonisation, puisque d'elles dépendra l'impulsion à donner au capital, et la direction *honnête* et *nationale* vers laquelle sera sollicitée l'épargne française, c'est-à-dire le travail national.

Il va de soi que cette force du capital, qui se perd un peu partout aujourd'hui, si elle est dirigée vers nos colonies par des dispositions légales, se transformera en commandes de toutes espèces, et que notre marine, nos échanges, nos ouvriers ne pourront qu'en profiter.

Nous avons d'autant plus raison d'attacher à ces deux lois une importance capitale que, tous les pays aujourd'hui faisant de la protection, les États à colonies seront les seuls à avoir des débouchés pour leur industrie ; mais il importe d'y attirer les consommateurs, qui suivront forcément les capitaux des sociétés anonymes si elles sont honnêtement organisées, grâce à la loi Bozérian d'une part, et grâce de l'autre à une loi sur les emprunts étrangers qui détournerait vers un lit plus rationnel et solide le courant de l'épargne. Du moment qu'on veut avoir des colonies, c'est bien le moins qu'on les mette en valeur, en y envoyant l'argent, qui est le grand nerf colonisateur, et sans lequel nos colons végéteront toujours, se rebuteront et consommeront le moins possible. En Angleterre, cet argent va tout seul vers les colonies, en France il n'y va pas, parce qu'il est trop puissamment sollicité par ailleurs, au grand détriment de la chose publique. Il faut donc que l'Etat l'y fasse aller par des moyens indirects et pratiques, si nous ne voulons pas continuer à faire des colonies qui profitent avant tout aux étrangers, et restent indéfiniment une charge pour la mère patrie.

*
* *

3° *La loi sur les faillites et sur la liquidation judiciaire.*
Il y a des négociants malheureux sans être malhonnêtes ; pourquoi ne leur confierait-on pas le soin de liquider leurs affaires ; pourquoi mange-t-on l'actif existant en frais, longueurs et fumisteries de syndic, etc. ? C'est de l'argent gagné par le public processif, mais perdu pour les affaires.

4° *La loi sur les Chambres d'appel commercial, pour donner des garanties aux affaires.*
Singulière anomalie en effet ; trouvant le juge civil insuffisant pour connaître nos affaires en première instance, on nous donne des tribunaux de commerce ; et ce même juge, qu'on trouvait insuffisant au premier degré, on le trouve

compétent au deuxième, pour juger en [dernier ressort de grosses affaires qui, souvent, déplacent des fortunes, et présenter des solutions qui jettent le trouble dans le public qui travaille.

5° *La révision du Code de commerce national et international.*

Une maison de commerce qui serait engagée sur le navire « Asbrooke » ou sur le « Rodora » serait malade. Ces affaires ne sortent pas des griffes de justice *nationale et internationale.*

*
* *

Si, disons-nous, toutes ces réformes pratiques et d'exécution facile restent en suspens, nous nous rangerons de l'avis de ceux qui trouvent que nos 84 Chambres de commerce, siégeant hors séance, nos Chambres syndicales de patrons et d'ouvriers feraient bien, à l'avenir, de présenter au public des *candidats d'affaires* de leur choix, et de les appuyer avec l'esprit net et pratique qui caractérise généralement les industriels et les négociants luttant dans le « struggle for life. »

C'est parfaitement agaçant, à cause de quelques inconscients et intrigants, de marquer, au deuxième ou troisième plan, le pas du progrès économique dans le sillage de l'étranger ; de manger de l'argent et de végéter dans le quatrième dessous, quand on pourrait occuper les premières places sans déroger.

*
* *

Simple question de vouloir et de s'entendre, et en attendant... attendons de voir ce que l'avenir et la future législature nous réservent d'améliorations économiques et pratiques.

Rome n'a pas été bâtie en un seul jour, mais encore faut-il qu'on marche de l'avant et qu'on « aboutisse ».

14 septembre 1885.

Dans un excellent article sur la colonisation, paru dans le *Messager de Paris* du 4 septembre, M. François Géraud réagit contre l'opinion qui dénie aux Français la faculté d'expansion coloniale.

Ce n'est pas le manque d'hommes ayant l'esprit d'entreprise, mais bien plutôt le manque d'argent qui est la pierre d'achoppement de nos colonies.

En donnant sa signature à un jeune homme pour fonder un comptoir, un établissement à l'étranger, un négociant craindra de risquer sa fortune, son « standing » commercial, en un mot, l'avenir de sa famille sur un seul enjeu, l'expérience et la prudence d'un jeune homme livré à lui-même à mille ou deux mille lieues de chez lui. On comprend la réserve de ce négociant, mais alors ne soyons pas surpris de voir si peu de Français émigrer à l'étranger, puisque l'argent et le crédit de chez nous leur font défaut.

D'un autre côté, on trouvera difficilement aujourd'hui de l'argent étranger aux affaires pour constituer une société anonyme. La fourmi prêteuse a appris à se défier de ces sociétés qui, avec les parts de fondateurs abracadabrantes, les apports surestimés, etc., etc., constituent des affaires malhonnêtes quoique légales, et nullement en rapport avec le capital énoncé, affaires scandaleuses le plus souvent où les zéros s'alignent d'une façon fantastique à la droite de l'unité de millions. De là, les défiances actuelles du capital et de l'épargne vis-à-vis des affaires anonymes en général, car chat échaudé craint même l'eau froide.

Telle est la situation actuelle qui ne tarderait pas à se modifier d'une façon sensible, si la prochaine législature voulait s'engager hardiment dans la voie des réformes économiques, en révisant la loi sur les sociétés anonymes (projet Bozérian) et en édictant une bonne loi sur les emprunts étrangers. Alors, pour trouver sa rémunération, l'argent accumulé par suite de l'épargne se portera naturellement vers nos colonies.

Une loi conçue, à peu près, en termes comme ci-dessous répondrait à l'objectif visé, tout en respectant les affaires et les droits acquis. Les banquiers dont les comptes de dépôts se trouvent drainés par les émissions étrangères à jet continu, sans bénéfice de retour, devraient être les premiers à préconiser cette solution ; car les placements de fonds en affaires coloniales leur amèneraient des affaires maritimes solides et répétées, telles qu'ouvertures de crédits, — acceptations de traites, — dépôts, — avances sur connaissements ou nantissements, etc.

L'État et les colonies trouveraient eux-mêmes dans la multiplicité de ces affaires des ressources budgétaires sérieuses.

Qu'on nous dise enfin, à côté de ces avantages, quels intérêts, publiquement avouables, seraient froissés par les dispositions d'une loi dont personne ne contestera l'efficacité pratique et l'utilité, au point de vue économique et national.

Les emprunts étrangers n'ont-ils pas fait sortir de France beaucoup plus d'argent qu'ils n'en ont amené ?

EXEMPLE DE PROJET DE LOI. — *Article 1ᵉʳ. — Tous vendeurs ou intermédiaires de valeurs agissant isolément ou en syndicat qui trafiqueront, à quelque titre que ce soit, d'emprunts de villes ou d'États étrangers, d'actions, d'obligations ou de parts étrangères pour compte de collectivités ou individus n'ayant pas leur siège social en France seront solidairement responsables des engagements stipulés, sauf déclaration contraire dûment enregistrée.*

Art. 2. — Le coût de cet acte en non-responsabilité donnera lieu à la perception d'un droit de 5 0/0 et décimes sur capital (droits équivalents à ceux que nous payons en France pour mutation d'immeubles français).

Art. 3. — Les valeurs créées avant la promulgation de la

présente loi ne tomberont pas sous le coup des dispositions qui précèdent. Celles-ci ne seront également pas applicables à la lettre de change.

Cette dernière clause écarterait des erreurs éventuelles de jurisprudence, comme nous en avons vu bien des exemples dans le cas de l'exception de jeu et dans l'application de l'article 1965 du code civil aux affaires réelles.

Art. 4. — La loi de finances fera connaître, chaque année, les valeurs étrangères auxquelles, par exception, ne s'appliquerait pas la présente loi.

** * **

Il est probable que les élèves de nos écoles industrielles, commerciales, agricoles, qui végètent aujourd'hui, chez nous, sans pouvoir utiliser leurs aptitudes spéciales, trouveraient alors le capital nécessaire pour s'établir dans nos colonies, ouvrir ainsi de nombreux débouchés à nos industries, rendre la vie à notre commerce maritime et colonial, et donner du travail à nos ouvriers.

** * **

Conclusion : Nos colonies n'auront jamais qu'un minimum de valeur et ne progresseront que péniblement, si leur développement continue à n'être alimenté que par l'argent officiel de l'Etat, si elles ne constituent qu'une charge pour la mère patrie, si elles ne sont pour nous qu'un boulet au pied en cas de complications européennes.

L'expansion coloniale ne sera jamais qu'un vain mot, qu'un procédé oratoire, tant que l'argent fera défaut aux affaires coloniales. Depuis trop longtemps, hélas ! nous voyons le capital français s'égrener et se perdre à l'étranger, au grand détriment du pays. Le principal remède à ce mal, la mesure la plus efficace à adopter pour développer nos colonies, c'est, nous le répétons, une bonne loi sur les sociétés anonymes, une bonne loi sur les emprunts étrangers, et cela à brèves échéances ; car il n'y a plus de faute à commettre, et le temps presse.

*
* *

Ces idées émanent du simple bon sens. Comment donc se fait-il qu'elles n'aient pas déjà été portées à la tribune du Sénat ou de la Chambre des députés, où siègent cependant tant d'hommes d'expérience et de valeur ?

Le projet de loi ci-dessus dont j'avais pris déjà l'initiative en 1880[1] a, paraît-il, déplu à quelqu'un, et m'a procuré la visite d'un homme d'affaires qui m'a offert de « *traiter* » pour la question des emprunts étrangers, en d'autres termes, qui m'a proposé d'acheter mon silence.

Cette visite à moi, — sans influence, et sans autre mérite que celui d'avoir soulevé cette question, — m'a rendu rêveur. Me rappelant que jadis une commission de la Chambre des députés avait été chargée d'étudier et de préparer une loi sur les emprunts étrangers, j'ai recherché en vain à l'Officiel quelles raisons avaient pu motiver l'enterrement mystérieux de cette loi, dont on n'a plus jamais entendu parler. On se demande, en vérité, pourquoi le Corps législatif se montre si jaloux de ses prérogatives en matière de finances, puisqu'il en fait un usage si discret.

*
* *

Puisque la France a la bonne fortune d'être un pays d'épargne, qu'elle utilise donc d'abord pour elle-même le fruit de cette épargne, au lieu de le laisser drainer aux quatre coins de l'horizon. La France a tant besoin d'argent en ce moment pour relever son commerce, soutenir ses industries

---

[1] Le drainage de l'or français. — Ghio, éditeur, Palais-Royal.

et venir en aide à l'agriculture agonisante, que l'on est indigné de voir la plus grande partie de ses capitaux passer à l'étranger, c'est-à-dire à l'ennemi.

Il serait à désirer vraiment que la presse nous aidât dans nos revendications, mais le « mot d'ordre » est malheureusement donné aux marchands de soupe des journaux.

« L'ordre, c'est-à-dire le silence, règne à Varsovie », et vous ne trouverez probablement plus un seul grand journal qui soit libre aujourd'hui de faire campagne contre les emprunts étrangers.

Nous n'en parlons que plus haut, persuadé qu'il se trouvera, parmi nos lecteurs, d'honnêtes Français qui tiendront à honneur de défendre avec nous une idée si éminemment nationale, soit à la tribune du Parlement français, soit tout au moins dans nos Chambres de commerce, préposées à l'étude des questions d'affaires.

Ces Chambres ne nous contesteront pas, en effet, que c'est là une des réformes de leur compétence les plus urgentes à « finir », et en même temps des plus difficiles à attaquer, étant donné que nous avons à compter avec le bloc d'or qui barre la route du progrès dans cet ordre d'idées.

18 septembre 1885.

Nous aurons quelques mots à ajouter à ce que nous disions il y a huit jours, à propos du développement de nos colonies.

Si l'on veut y réfléchir, on verra que rien de ce qui touche de près ou de loin à l'extension du commerce ne doit nous être étranger. Nous croyons donc de notre devoir de réagir, dans la limite de notre sphère, contre le débordement d'idées fausses qui se produit autour de nous, et de tâcher de contribuer, pour notre petite part, au progrès économique dont nous sommes tous solidaires.

Une des raisons qui empêchent les jeunes gens intelligents, et dits bien élevés, d'aller s'établir dans les colonies, c'est que les familles sont trop peu nombreuses, et que les parents n'ont pas le courage de se séparer d'un fils unique qu'ils bichonnent avec amour, pour n'en faire souvent qu'une non-valeur. Aussi, la Chambre des députés a-t-elle été bien inspirée en ressuscitant l'ancienne disposition qui faisait élever le septième enfant aux frais de l'Etat. On pourrait faire encore plus pour favoriser les familles nombreuses, par exemple : modifier la loi des successions, de manière à rendre les droits d'autant moins forts que les héritiers seraient plus nombreux : mettre d'office dans la deuxième portion du contingent le fils aîné de quatre enfants, le premier et le deuxième fils d'une famille de six enfants, et ainsi de suite. Bref il faudrait donner, disons le mot, des primes aux grandes familles sous toutes les formes : éducation, service militaire, etc.

On pourrait aussi faciliter les mariages, par conséquent l'émigration éventuelle, le peuplement de la France et de ses colonies, en modifiant, avec garantie contre le chantage, l'article 340 du Code civil.

Le *Journal officiel* constate un fait grave : dans trente-neuf départements, la population, c'est-à-dire le chiffre des consommateurs, est en décroissance; ce déplorable résultat n'est pas dû seulement à la crainte de diviser la fortune ou de ne pouvoir élever ses enfants ; on peut l'attribuer aussi, dans une large mesure, au mépris des lois de l'hygiène. Des pères ivrognes et débauchés ne peuvent donner naissance qu'à des enfants condamnés à mourir jeunes.

Que dire de la loi de recrutement récemment votée par la Chambre ? Sinon qu'elle est à l'antipode du progrès économique aussi bien que militaire.

Pour faire, non pas de l'égalité, mais de l'uniformité, on supprime, malgré la protestation de 51 Chambres de commerce, le volontariat d'un an, c'est-à-dire le concours, l'é-

mulation au travail ; on fait de la nouvelle loi de recrutement une vraie *loi des cancres*, en obligeant les bon$_s$
comme les mauvais soldats à passer trois ans à la ca-
serne.

On met, sans profit pour l'armée, l'éteignoir sur le recrutement des hommes instruits en tous genres, car il va de
soi qu'on n'ajoutera pas impunément trois ans de service
militaire à vingt-cinq ans de lycée, facultés, voyages, ap-
prentissage commercial et autre. Et, comme contre-partie,
nous aurions à payer 100 à 150,000 fonctionnaires sous-
officiers prétoriens, pour parler la langue du jour, que la
loi de 1872 nous donne aujourd'hui gratuitement, grâce au
tirage au sort pour le départage du contingent !

Que cette soi-disant réforme soit née dans le cerveau
d'un journaliste, influencé peut-être par un fonds de reptiles,
en vue de détruire à la fois la puissance militaire, intellec-
tuelle et productrice du pays, cela se conçoit ; mais on comprend moins qu'une assemblée politique comme la Chambre
des députés se soit laissé entraîner à voter une pareille loi.
Nous ne tarderions pas, en effet, à devenir tributaires de
l'étranger pour nos inventions aussi bien que pour le personnel artistique, commercial et industriel, et que devien-
draient alors nos ouvriers ? Cette situation serait d'autant
plus grave, qu'on ne pourrait revenir à l'ancienne loi après
avoir voté la nouvelle ; car les dégrèvements d'impôt, même
apparents, sont plus faciles à voter que le retour aux an-
ciennes dispositions.

Aussi espérons-nous que cette déplorable loi ne sera pas
votée par le Sénat et par la nouvelle Chambre, et qu'on
se contentera de demander au sort et au concours le recrutement des armes spéciales et des cadres inférieurs ; aux
primes, enfin, le complément de notre armée coloniale, en
maintenant l'égalité où elle est possible, c'est-à-dire, sur le
champ de bataille, et en continuant à développer de notre
mieux les aptitudes militaires de la jeunesse française, sans

détruire pour cela le recrutement de la France qui pense, qui produit et qui paye l'armée.

Menenius Agrippa servit jadis au peuple roi la fable des membres et de l'estomac : il est regrettable que les Menenius Agrippa soient si rares parmi nous.

*
* *

On parle d'exclure des Chambres les officiers des armées de terre et de mer en disponibilité de service. Pourquoi ? Et, si le hasard voulait que le ministère de la guerre ou celui de la marine soit occupé par un politicien, il ne se trouverait plus personne au Parlement pour discuter avec compétence ces questions de métier avec ce ministre désorganisateur de notre puissance militaire et navale ?

Excluez donc aussi de la Chambre, les ingénieurs, les professeurs de lettres, sciences, droit, médecine, les hommes de finance etc., etc., en un mot toutes les capacités qui sont l'honneur de notre pays, et vous verrez alors ce que deviendront nos budgets et toutes nos lois spéciales. Ce n'est pas tout de faire une loi : il faut, pour la faire bonne, en mesurer les conséquences.

2 octobre 1885.

Beaucoup de maisons du Havre ont liquidé leurs affaires dans ces derniers temps, pour des raisons multiples, dont une des plus importantes est certainement l'obstination que les chemins de fer mettent à défendre les hauts prix de leurs tarifs. Le transit et l'entrepôt de coton du Havre se trouvent ainsi sollicités et émiettés dans les marchés du Nord, et les maisons du Havre, à bout d'efforts et de ressources, finissent par liquider, d'où perte sèche pour tout le monde, sans grand profit d'ailleurs pour ces mêmes marchés du Nord.

* *

Le commerce maritime a perdu aussi beaucoup d'argent tant en Angleterre qu'en Allemagne et eu France ; et cela tient en grande partie à l'insécurité des transactions internationales avec les pays d'outre-mer, dépourvus de sanction judiciaire. Essayez, par exemple, aujourd'hui de vous faire payer des soldes débiteurs par des maisons américaines qui n'ont pas de répondant en Europe ! On ne se figure pas ce qu'il s'est perdu d'argent de la sorte. De là notre insistance à réclamer un code de commerce international qui donnerait au commerce européen une sanction légale pour les engagements contractés à l'étranger. (Voir : *Les Cahiers de* 1889, par un négociant. Ghio, libraire-éditeur)

* *

C'est le 17 mars 1882 que la loi Naquet sur l'exception de jeu a vu le jour : les Chambres ne l'ayant votée qu'après de longs délais, la place du Havre seule a perdu du chef de ces délais plus de 2 millions de son capital roulant en procès absolument incompréhensibles. Ce sont autant d'importations et d'affaires que nous perdons pour l'avenir au profit des voleurs légaux, autant d'acheteurs perdus pour le petit commerce local, car deux millions de capital roulant c'est comme qui dirait 50 ou 100 millions d'affaires annuelles.

Aujourd'hui la loi est votée, mais le double jugement de « l'Asbrooke » prouve que ces erreurs de jurisprudence peuvent s'étendre à d'autres affaires, et menacer encore le capital des commerçants. C'est pour cela que le commerce du Havre, dont les affaires roulent sur de gros chiffres, a adressé au Parlement une pétition pour demander la constitution de chambres d'appel commerciales, à l'effet d'ajouter en deuxième instance, à la compétence en droit des juges civils, la compétence commerciale des juges de commerce. M. le comte d'Osmoy, rapporteur de cette pétition au Sénat, nous a informés qu'il conclurait au renvoi au ministre compétent. Espérons que ce désideratum est donc en bonne voie de réalisation et que les Chambres de commerce nous appuieront..... si elles sont consultées.

*
* *

Ajoutez à l'insécurité des transactions internationales et à l'insuffisance de compétence commerciale des juges d'appel, les clauses dérogatoires des connaissements, qui, en attendant que cette question soit résolue par voie législative, jettent le trouble dans les transactions en menaçant d'immobiliser des sommes énormes dans des procès, et vous comprendrez que le commerce maritime soit prêt à ployer sous le faix.

Ces clauses dérogatoires sont de véritables chausse-trappes semées sous les pas de nos négociants, admises ou interprétées à l'emporte-pièce par nos tribunaux civils dont les verdicts, dans l'espèce, ont une gravité exceptionnelle au point de vue des affaires à venir ou en cours.

Ce qui prouve, une fois de plus, la nécessité de créer des Chambres d'appel commerciales.

Tout récemment le congrès de Hambourg, se faisant l'écho des négociants en général, s'est préoccupé de ce risque des clauses dérogatoires à l'objectif du contrat, et il a demandé que celles-ci fussent, *ab ovo*, invalidées par la loi internationale à intervenir.

*Extrait du rapport de M. de Querhoënt à la Chambre de
commerce du Havre (séance du 14 septembre).*

« La question « des connaissements « dont vous ont
saisi (séance du 15 mai) MM. Chevalier, de Coninck et Cᵒ,
« est digne de toute votre attention. Elle préoccupe beau-
« coup le commerce, et de récents jugements de la cour de
« Rouen montrent que des intérêts considérables engagés
« dans la matière peuvent s'y trouver compromis !...

« Comme conclusion votre commission ne voit au pro-
« blème qu'une solution : entrer résolument dans la voie
« suivie par le commerce des États-Unis et obtenir non
« seulement du gouvernement français, mais aussi des
« gouvernements étrangers, qu'une loi établisse d'une façon
« précise les obligations des armateurs, tout en limitant
« leur responsabilité à la valeur du navire et du fret con-
« formément à la loi française.

« Cette loi devrait établir que : doivent être considérées
« comme nulles et non avenues toutes les conditions in-
« sérées dans un connaissement qui tendraient à diminuer
« ou à détruire les obligations résultant pour l'armateur
« du principe du contrat du transport qui consiste à délivrer,
« sauf les cas fortuits ou de force majeure, les marchan-
« dises dans l'état où le transporteur les a reçues.

« Si telle était votre opinion, il serait possible de la sou-
« mettre au congrès international qui se réunira le 27
« septembre à Anvers, en l'y faisant appuyer par vos dé-
« légués, et, si votre avis y était partagé, la décision prise
« au congrès serait portée par chacune des parties intéressées
« devant son gouvernement en même temps que de votre
« côté vous agiriez devant les Chambres françaises. »

Le présent rapport est imprimé et la Chambre de commerce a adopté les conclusions du rapporteur, la Chambre

de commerce d'Amiens a ratifié pareillement le dire de celle du Havre.

*
* *

Pour prouver du reste jusqu'à quel point la réforme est urgente, nous citerons un fait :

Le capitaine d'un steamer qui a fait naufrage, sauvant son équipage mais ne livrant pas son chargement, assigne les réclamateurs en payement du fret de la marchandise qu'il n'a pas livrée, se basant sur celui des deux arrêts qui dit que les clauses dérogatoires librement consenties font loi entre parties, et que ses connaissements portaient que le fret était acquis même en cas de non-livraison.

Le Tribunal de commerce a débouté le capitaine en question, mais l'affaire va en appel. Si la Cour d'appel confirme ce jugement, conformément aux précédents d'un arrêt en date du 29 août 1883, elle invalide la jurisprudence en date du 22 avril dernier, mais sommes-nous sûrs qu'elle l'invalidera *toujours à l'avenir* ? donc incertitude, c'est-à-dire épée de Damoclès et risques inutiles à faire courir au commerce, déjà si malmené par la concurrence et par la crise ! Si elle suit par contre la jurisprudence de ce dernier arrêt, il n'y a pas de raison pour que les chemins de fer et autres transporteurs également subventionnés par l'État, ne suivent pas l'exemple des fabricants de connaissements, en insérant dans les récépissés que le port est dû, alors même que la marchandise n'est pas livrée ; en un mot qu'on vous condamne à payer le port d'une marchandise que le transporteur ne vous livrerait pas !

*
* *

Avec ce régime-là, ce serait le cas ou jamais de devenir actionnaire de chemin de fer, par contre de fermer boutique d'expéditeur ou de receveur de marchandises et de renoncer à se faire adresser des colis dont on serait tenu de payer le port sans avoir reçu ces mêmes colis.

Dans le journal *Le Havre* du 22 mai 1885, M. Lécureur apprécie la situation en disant que c'est là « le gâchis ». Nous n'avons rien à répondre à cette conclusion.

L'Europe nous envie, paraît-il, notre jurisprudence : nous n'en doutons pas, mais alors que doit être celle des autres peuples ?

*
* *

Nous nous permettrons cependant, malgré notre perfection relative, de souhaiter, qu'après avoir, par la loi Naquet, débarrassé la susdite jurisprudence du cas « des voleurs fictifs », on lui infuse par voie légale et par organisation de Chambres d'appel commercial, pour moderniser la jurisprudence à venir, un peu plus de sens pratique et de fixité dans les solutions qui servent de bases et de garanties aux transactions commerciales.

Lettre reproduite par le Journal de l'assurance maritime du 1ᵉʳ octobre 1885.

Nous ne voyons pas, Monsieur le rédacteur, qu'au congrès international d'Anvers, il ait été question de la signature du connaissement.

Pour mettre la loi française à la hauteur des besoins modernes de la navigation, nous proposerions de modifier comme suit l'art. 282 du code de commerce français :

... Les connaissements sont signés par le chargeur et par le capitaine, PAR L'AGENT OU LE DIRECTEUR ACCRÉDITÉ DU NAVIRE...

Cette question intéresse aussi bien l'assurance que le

récéptionnaire du navire ; il y a plus de garanties dans la signature d'un agent connu que dans celle d'un capitaine que l'on connaît moins.

Cette réforme nous mettrait à l'unisson de la loi des États-Unis. Elle donnerait également satisfaction à l'intérêt de l'armateur, dont l'entreprise peut être compromise, et à celui du négociant, banquier tiers-porteur des connaissements.

Il y a ensuite la question du débarquement des marchandises. D'après les anciens usages, ces dernières étaient livrées au fur et à mesure du débarquement, mais les steamers s'affranchissent de cet usage et, pour prendre plus vite la mer, ils jettent tout à quai, et partent avant que que les réclamateurs aient pu recevoir et vérifier leurs colis.

Le feu ayant pris à quai du steamer *Asbrooke* et du steamer *Rodora* avant pesée de la marchandise, l'assurance contre feu et l'assurance sur risques de mer sont en litige. Ce sinistre compliqué augmente donc les risques de mer ou ceux de quai au détriment du commerce et des assureurs, d'où procès *interminables* et *onéreux* pour tous.

Nous demanderions qu'une disposition légale vînt mettre un terme à ce gâchis ; exemple : « Il est loisible au capi-« taine, pour prendre plus vite la mer, de ne délivrer ses « marchandises que sur quai ou en magasin, mais il sera « tenu, en pareil cas, de fournir caution. Faute par lui de « ce faire, l'expédition en douane lui sera refusée. »

Avec cette disposition, le négociant est garanti contre le déficit possible à la livraison, et les assureurs maritimes et contre feu savent où leurs risques commencent et où ils finissent.

Veuillez, etc.

15 octobre 1885.

Plus nous réfléchissons à la question des emprunts étrangers, plus nous sommes convaincus de l'utilité qu'il y aurait à les entraver. Nous avons déjà examiné les avantages que notre commerce et nos colonies trouveraient dans une loi empêchant les capitaux de sortir de France ; mais l'avantage ne serait pas moins grand au point de vue des ouvriers, des agriculteurs et même des rentiers.

On a rejeté du code tout ce qui empêchait les associations ; les ouvriers sont donc libres de s'associer entre eux ; mais n'est-ce pas là une mesure incomplète ? N'est-ce pas donner à boire dans un verre vide à ces mêmes ouvriers et aux agriculteurs, si on ne leur facilite pas, en même temps, l'accès du capital par l'accumulation de l'épargne ?

Qu'aujourd'hui cinq ou six ouvriers s'adressent à un rentier dans le but d'obtenir de lui un peu d'argent pour monter un petit atelier avec un moteur ou des instruments mécaniques quelconques, etc., et ce rentier leur répondra qu'il n'a pas de fonds disponibles. Et il dira vrai, son portefeuille étant bourré de valeurs étrangères, dont il continuera à le bourrer, si on ne gêne pas ses placements par une barrière pratique et légale.

Si l'argent de ce dernier cessait d'être, comme il l'est aujourd'hui, puissamment sollicité vers l'étranger, les ouvriers dont nous parlions tout à l'heure auraient chance d'être écoutés, quand ils offriront une garantie solidaire et qu'ils pourront justifier d'aptitudes matérielles et morales. Nous avons vu beaucoup de ces petits ateliers en Angleterre et en Amérique, et nous croyons que, dans l'intérêt de la paix sociale et du travail, on aurait tout avantage à les favoriser en France.

La loi sur les valeurs étrangères ne serait pas moins utile aux agriculteurs qu'aux ouvriers. En effet, l'agriculteur est obligé chez nous de compter dans son prix de revient avec des frais de mutation énormes. Pour acheter un immeuble, composé de terres, d'une valeur de 100,000 fr., nous payons au fisc 6,875 fr. de droits, soit 5 0/0 et décimes; tandis que, pour acheter 100,000 fr. de rentes étrangères, nous ne payons que 1 fr. 80 ! Nous ne demandons pas de dégrèvements incompatibles avec l'équilibre budgétaire ; aussi voudrions-nous qu'on taxât les valeurs étrangères, pour détaxer d'autant les immeubles français. Quant aux valeurs mobilières françaises, il faudrait se garder de les assimiler aux étrangères en leur faisant payer les mêmes droits, car ce serait détruire la *mobilité* des titres français, ce serait tuer la spéculation, sans laquelle le placement d'un gros emprunt devient impossible.

Mais, si nous avons intérêt à défendre notre marché financier et l'équilibre de notre budget, nous ne voyons pas quel avantage nous trouvons à faciliter l'accès de notre épargne à notre voisin, pour que cet étranger s'outille contre nous avec notre argent, pendant que son gouvernement fait des alliances éventuelles contre celui de la France[1], c'est-à-dire contre chacun de nous, puisque nous sommes tous solidaires de la carte à payer en cas de guerre.

Nous ne parlons que pour mémoire des risques de placement que court notre épargne quand elle s'aventure en dehors de la zone de protection des lois françaises. C'est fort joli de faire de grandes phrases sur l'initiative individuelle, sur l'instruction, sur l'émancipation ; mais ceux-là même qui

---

[1] Exemple les emprunts autrichiens et italiens que MM. de Rothschild ont lancés sur la place de Paris.

Étonnez-vous après cela que dans les moments de crise le préfet de police Caussidière soit obligé de *protéger les palais* de ces messieurs! (Voir *France et finances* (Ghio éditeur) et plus anciennement *les Juifs rois de l'Europe*, par A. Toussenel, édité en 1845 à la librairie de l'École, rue de Seine, 10).

Les rois et les empereurs ont passé et les Rothschild sont restés debout ; raison de plus pour prévenir par une loi le retour de pareils faits, dans lesquels nous risquons de jouer notre indépendance comme nation.

tiennent ce langage seraient aujourd'hui bien peu de chose
malgré leur savoir-faire et leur initiative, si au début de
leur carrière ils n'avaient pas eu un capital à leur disposition.

*
* *

Facilitons donc l'accès du capital aux petits d'aujourd'hui
et aux moins favorisés de la fortune, nous aurons fait, non
seulement une bonne action, mais aussi une bonne affaire
pour tous et à tous les points de vue.

Pour arriver à ce résultat, il faut prendre le taureau par
les cornes, et ne pas se contenter de mesures insuffisantes.
On parle de créer des banques agricoles, ouvrières, etc. ;
simple fumisterie que tout cela, car il est prouvé que l'Etat
et ces soi-disant institutions de crédit ne peuvent se plier aux
nécessités multiples qui peuvent se présenter, et que l'é-
pargne et l'argent de tout le monde sont seuls capables de
répondre aux besoins de crédit que nous signalons. C'est
pour cela que nous demandons au Parlement de prendre en
main la question des emprunts étrangers, de rendre l'épargne française aux Français, et de faire payer à ceux qui
veulent placer leur épargne à l'étranger les mêmes droits
que paye, en France, le contribuable le plus imposé ; c'est
l'intention du projet qui précède.

*
* *

Messieurs nos députés de l'extrême gauche, dans leur fa-
meux programme de réforme, ont-ils seulement réfléchi à
ce que coûterait aux contribuables, c'est-à-dire à tout le
monde, le paiement des conseillers municipaux des 36,000
communes de France ? et cela quand vous reprochez à notre
budget d'être en déficit.

Vous voulez remplacer les magistrats de profession par des magistrats électifs ; est-ce pour placer les fruits secs du barreau, ou omettez-vous un tout petit détail ?

Pour appliquer la loi il faut la connaître, et pour la connaître il faut l'avoir étudiée, c'est-à-dire avoir fait son droit ; ce qui signifie qu'il faut connaître quelque chose comme 4 à 5 mille lois, plus la jurisprudence, et ça ne s'apprend pas, comme on dit, entre la poire et le fromage. Si donc vous remplacez les hommes qui connaissent la loi par des magistrats qui ne la connaissent pas, le Parlement n'a qu'à démissionner en masse, puisque les lois passées et les lois futures seraient lettre morte pour les juges, qui les ignoreraient tout en étant chargés de les appliquer.

Ce que ces Messieurs désirent au point de vue militaire est encore plus monstrueux, et l'on se demande réellement si leur programme vient de Charenton ou de Berlin.

Comment, après 1870, quand les Prussiens discutent tout au long dans leurs journaux le cas de guerre avec la France, le futur siège de Paris, etc., vous venez nous parler de la suppression des armées permanentes, de la garde nationale, etc. (Discours de M. Laguerre, député, au Hâvre.) C'est quand la Prusse fait de plus en plus de son armée un chronomètre de discipline et d'exactitude que vous parlez de détruire les cadres et l'organisation de l'armée française, de supprimer les périodes d'exercice des réserves ! En vérité, on dirait qu'il n'est pas plus difficile de conduire un ou deux millions d'hommes que de faire un article de journal. Nous demandons que pour édifier MM. Clémenceau, Laisant, Laguerre et Cie, le ministre de la guerre veuille bien, pour huit jours, leur confier un commandement dans les prochaines grandes manœuvres ou seulement les charger de débrouiller des conscrits sans sous-officiers.

Nous n'insistons pas davantage sur cette question, car nous croyons que dans les milieux populaires eux-mêmes, où l'instinct national est si vivace, on commence à se rendre compte du creux de ce desideratum.

Celui qui écrit ces lignes a entendu à l'Élysée, au Havre, un ouvrier s'écrier à la conférence de M. Laguerre :

« Puisque ce citoyen a 200,000 francs de rentes, comment se fait-il qu'il vienne de Berlin ? »

Quelle leçon et quel salutaire exemple pour les amateurs de popularité à tout prix !

*
* *

Nous ne discutons ni les mérites, ni les démérites de la République, nous constatons un fait.

Les élections penchent à droite, et c'est ce moment-là que des journalistes et députés *républicains* choisissent pour demander la suppression de la présidence de la *république*, quand le président est un *républicain* convaincu et un honnête homme ?

Vous voulez supprimer le Sénat quand les deux tiers du Sénat sont républicains.

Nous comprendrions ces desiderata de la part des impérialistes ou des monarchistes, désireux de voir M. Grévy s'en aller, pour que M. le comte de Paris, le prince Jérôme ou M. Victor puisse prendre sa place.

Nous comprendrions qu'un Sénat républicain soit une poutre dans l'œil des amateurs de coups d'État, mais voir des journalistes républicains faire le jeu des ennemis de la République, en vérité, c'est étrange !

Quand un crime est commis, une des premières questions que se pose le magistrat, c'est de se demander à qui le crime profite.

Procédant comme lui, nous nous demandons à qui profite

cette campagne aussi anti-nationale qu'anti-républicaine, et qui la paye.

En nous posant cette question, nous scrutons par analogie, et nous nous souvenons qu'en 1848 les programmes les plus subversifs et les plus radicaux étaient précisément ceux que soudoyait le budget de l'Élysée, et qu'il est démontré qu'ils étaient payés avec l'argent d'une grande dame étrangère qui aurait bien voulu devenir impératrice des Français.

25 octobre 1885.

A MONSIEUR LE DIRECTEUR DU « MATIN ».

Monsieur. — Au moment où la nouvelle Chambre va reprendre ses travaux législatifs, les soussignés, agents des chemins de fer du Nord, de l'Est, du Midi, de l'Orléans, de l'Ouest et du P.-L.-M., vous prient d'appeler l'attention des pouvoirs publics sur un état de choses dont la réforme s'impose avec une impérieuse nécessité.

Nous voulons parler des essais de mobilisation.

Aucun employé du service actif des Compagnies ne connaît son rôle en cas de guerre ; aucune instruction ne nous a encore été donnée ; le matériel est insuffisant et non aménagé pour les transports de troupes. Jamais aucun essai de mobilisation, même partiel, n'a été fait, et nous avons la conviction que si M. le ministre de la guerre ordonnait inopinément le transport, par voies ferrées, de deux ou trois régiments, le désordre le plus complet rendrait impossible l'application des dispositions militaires.

Nous croyons même pouvoir affirmer que M. le général de la Jaille, président de la commission mixte des chemins de fer, ayant eu, il y a quelques semaines, la pensée de s'assurer que toutes les mesures administratives avaient été prises en vue de l'exécution rapide des transports de troupes, a constaté que rien n'était prêt.

Dans tous les cas, les soussignés déclarent que, ni eux ni leurs collègues n'ont été informés de leurs devoirs en cas de guerre, au point de vue de la mobilisation ; ils déclarent, en outre, que la diversité des signaux, dont la signification varie sur chaque Compagnie, et surtout le manque d'instructions rendraient extrêmement longue et difficile une mobilisation quelconque.

Ils vous prient, monsieur le rédacteur, d'insérer cette lettre, qui dégage leur responsabilité, et d'agréer l'expression de leur respectueuse considération.

(Suivent les signatures.)

*
**

Ne serait-ce pas le cas de faire nommer par l'État les directeurs des grandes Compagnies de chemin de fer ? La voie ferrée en cas de mobilisation n'est-elle pas un facteur de premier intérêt national et un service public en temps de trêve, service qui joue son grand rôle dans la guerre de tarifs que nous fait M. de Bismark, en vue de nous faire passer par un Sedan économique ?

20 novembre 1885.

La déclaration de guerre de la Serbie n'est pas faite pour rendre la vie aux affaires. Il était difficile d'admettre que le roi Milan resterait l'arme au bras après avoir fait des frais considérables pour mobiliser son armée, mais on pouvait espérer que la diplomatie arrêterait les hostilités. Nos pouvoirs publics doivent bien regretter aujourd'hui d'avoir laissé la Grèce prendre, chez nous, l'argent nécessaire pour faire des armements, au moyen desquels elle va peut-être faire sa guerre de son côté, et entraîner l'Europe dans des complications très graves, en ruinant une fois de plus ses malheureux créanciers !

Quant à ceux de la Turquie, ils sont ruinés d'ancienne date, et il y a longtemps déjà, qu'on eût pu faire une loi sur les emprunts étrangers en ce qui concerne les bailleurs de fónds à turban, si on avait un peu souci des intérêts du pays et de la sauvegarde de notre épargne, c'est-à-dire de notre arsenal financier.

On sait quand on tire l'épée du fourreau, mais on ne sait ni quand, ni dans quelles conditions cette épée y rentrera.

Aujourd'hui, surtout, que tous les intérêts se solidarisent, il est difficile de prévoir les conséquences que les aléas d'un état de guerre peuvent faire peser sur les affaires, et nous n'avions pas besoin de cette nouvelle tuile, ajoutée au marasme général.

Nouvelle preuve qu'en restreignant lés emprunts étrangers, nous travaillons en réalité pour la paix, pour nous et pour les autres peuples, flanqués de rois et de roitelets qui jouent aux échecs avec la carcasse de leurs Poméraniens.

25 novembre 1885.

L'argent, par les avantages d'échange qu'il procure, a toujours été une grande puissance.

Les grands princes, les grands ministres, à toutes les époques de l'histoire, en ont toujours fait un des premiers facteurs de domination ; mais, chez aucun peuple, l'effort financier n'a atteint l'importance que la riche Angleterre a su lui donner ; et Dieu sait combien de colonies, combien de traités de paix et de guerre, quelles batailles économiques la perfide Albion, invulnérable chez elle par la richesse de ses classes dirigeantes, par le patriotisme du Parlement anglais, a gagnés, en achetant les consciences de ses adversaires, en suscitant des embarras à ceux qui sur l'échiquier du monde faisaient obstacle à ses desseins.

*
* *

C'est grâce à cette puissance de l'argent, qu'avec une armée insuffisante, « Britannia rules the waves, » le pavillon du Royaume-Uni, en d'autres termes, couvre de nombreux territoires.

L'Anglais pratique trouvera toujours, par exemple, qu'il est moins cher d'envoyer 10 millions au Tonkin ou à Madagascar, que d'y envoyer 10,000 hommes quand le résultat final est le même.

Les Hohenzollern ont, de bonne heure, compris l'importance du levier financier.

Le roi de Prusse avait sept espions et un cuisinier, dit l'histoire, le roi de France un espion et sept cuisiniers.

Les fonds de reptiles de M. de Bismark sont devenus légendaires.

Un député italien reprochait au ministre l'énormité des fonds secrets, étant donnée l'importance modeste du royaume de Sardaigne..

— C'est grâce à ces fonds secrets, répondit le ministre, que le gouvernement du rôi a pu acheter la presse d'opposition française : sans cela jamais Napoléon III n'aurait pu faire la guerre, et, sans cette guerre, l'Italie ne serait pas ce qu'elle est..., etc., et le patriotisme italien de se taire !

Les hommes de 40 ans qui ont suivi les événements en 1866 se souviendront de l'enthousiasme des journaux d'alors pour les Prussiens. On a justement reproché Sadowa à l'Empereur, mais on oublie qu'une grande part de la responsabilité des événéments dont 1870 a été la conséquence revient aux journalistes de l'époque, achetés les uns par Bismarck et les autres par Cavour [1].

*
* *

Messieurs les journalistes ne sont-ils pas les parrains de la question de la révision de la constitution dans laquelle la dernière législature a gaspillé le plus clair de son temps et assommé le public, et tout cela pour une affaire de boutique ? Parce que les élections sénatoriales peuvent se passer du concours de la presse, tandis que les députés sont obligés, pour le suffrage direct, de passer sous les fourches caudines des journaux ! Ce serait 20 à 30,000 fr. de plus à gagner par élection sénatoriale si on pouvait faire nommer le Sénat au suffrage universel direct, au lieu de le laisser se recruter au suffrage universel indirect.

Toute cette jolie campagne a, bien entendu, été conduite sous le panache de la démocratie, qui n'était pas en jeu dans la question.

Il n'a suffi, dit-on, que de deux millions bien placés pour remplacer en Espagne la République par la monarchie du roi Alphonse : *si e vero*, l'Empire a coûté plus cher que cela, car Napoléon III a pris 20 millions à la Banque pour faire son coup-d'État.

*
* *

On cherche les causes de la crise qui pèse sur les affaires, et dans ces conditions nous nous demandons si nous ne devons pas remonter, pour les trouver, à cette action de l'étranger sur notre situation politique et économique par le canal de nos journaux et de leurs représentants au Parlement.

[1] Étonnez-vous après cela que le malheureux Chaudey ait été fusillé par la Commune !

*
* *

Nous n'avons pas à examiner dans cette petite revue l'influence que l'or français et étranger exerce sur des questions politiques telles que la question du Tonkin, la réduction du service militaire, la nomination des juges à l'élection, etc., etc. Cette question relève du ministre de l'intérieur et du préfet de police.

Contentons-nous de constater que, dans les questions économiques, nous nous trouvons souvent devant de bien singulières manœuvres et explications de la part de la presse.

Dans une monarchie on cherche à gagner l'oreille du prince par la voie détournée de ses conseillers ou de sa maîtresse ; avec un gouvernement anonyme et parlementaire comme l'est le nôtre, l'oreille du souverain c'est le journal ; et les journalistes, s'ils réflètent souvent l'opinion des lecteurs, ils la font le plus souvent. C'est à cette intervention toute-puissante de la presse que nous devons d'avoir vu, depuis un siècle, de nombreuses révolutions, insurrections et évolutions maladroites, qui n'ont pas précisément fait marcher nos affaires.

*
* *

C'est donc au journal qu'il faut nous attaquer si nous voulons ramener un peu de paix, de tranquillité, de sens pratique dans les esprits, de la stabilité dans les relations commerciales.

Oui certes, parmi les journalistes, il y a beaucoup de braves et dignes garçons, mais cela n'empêche pas le journal d'être une affaire et une affaire qui se vend. Nous ne faisons à cette règle qu'une exception en faveur du « Drapeau » ; seul le journal de M. Deroulède est indemne du bulletin financier, preuve manifeste qu'un journal est au moins partiellement vendu. L'auteur des *Chants du soldat* ne peut être à vendre. On n'écrit pas de ces choses-là sur commande de libraire.

*
* *

Le tarif de la conscience de la presse est varié ; il va de la grande dame qui défend, contre remise de 400,000 fr., la politique anglaise, et contribue de la sorte, pour sa bonne part, à nous faire aller au congrès de Berlin ou à brouiller nos affaires dans l'Indo-Chine, jusqu'à la gourgandine qui, pour 50 fr. payés comptant, travaillera inconsciente contre l'intérêt économique du pays.

*
* *

Sans revenir aux procès de presse, nous nous demandons s'il n'y aurait pas moyen de restreindre cette action néfaste du journalisme sur les affaires en particulier et sur le pays pris d'ensemble. Si la Banque de France nous a sauvés en 1870, si ¡elle nous rend encore aujourd'hui les plus grands services monétaires, nous le devons en partie à trois causes :

1° Les actions de la Banque sont nominatives ;

2° Elles ne peuvent appartenir qu'à des Français ;

3° Le gouverneur est nommé par l'État.

Il est inutile d'expliquer à des négociants le rapport que ces trois points peuvent avoir avec la rançou de guerre et la sauvegarde de l'encaisse d'or.

*
* *

A notre avis, pareille situation devrait être faite à la presse.

Le journal est une société anonyme ; et, comme tel, il

suffirait d'ajouter à la loi magnifiquement travaillée par M.Bozérian, sénateur :

1° Que, comme les actions de la Banque de France, les actions du Crédit foncier, des journaux et revues périodiques, ne peuvent être mises au porteur ;

2° Que les titulaires doivent être français.

Supposez qu'il s'agisse d'un traité de commerce à conclure, et que le gouvernement anglais fasse pour le *Petit journal,* qui tire à 850,000 exemplaires, ce qu'il a fait pour Suez.

Propriétaire d'actions, il sèmera par le canal de ce journal ses idées anglaises jusque dans le moindre hameau de la France.

Nos ministres et députés défenseurs des intérêts du pays seront malmenés dans l'opinion et le contre-coup |s'en fera sentir jusqu'au Palais-Bourbon et dans les élections. Quand la mèche sera éventée, avec l'organisation actuelle, nous serons liés par des traités onéreux, et il sera trop tard pour aviser !

Exemple le traité de commerce avec l'Italie, etc., qui a permis à l'Allemagne de revendiquer la clause de la nation la plus favorisée, alors qu'elle-même nous oppose justement qu'elle ne favorise personne, partant qu'elle a droit d'entrer chez nous, mais que nous n'avons pas celui d'entrer chez elle, n'ayant traité avec personne !

S'il s'agit de la question des emprunts étrangers, de réformes de chemins de fer, de dispositions légales à prendre pour défendre la marchandise contre les abus des puissantes compagnies maritimes, partout nous trouvons devant nous un fonds de reptiles prêt à éteindre |l'action de la presse et à enterrer dans le silence, ou à brouiller les questions les plus urgentes à résoudre.

*
* *

De même que la Banque de France et le Crédit foncier

ont un gouverneur nommé par l'Etat, nous voudrions voir le journal flanqué d'un commissaire de surveillance.

Cette disposition appliquée à la presse qui tire à plus de tant de mille exemplaires n'aurait rien que de naturel.

Le journal est, comme toutes les sociétés anonymes, soumis à la visite des inspecteurs de l'enregistrement, nous ne voyons pas pourquoi, quand il s'agit d'un intérêt national, la préfecture de police n'y aurait pas ses libres et régulières entrées pour surveiller les contrats malpropres que les marchands de soupe des journaux font avec Pierre et Paul, pour « dire » ou ne pas « dire ».

*
* *

Vous mettez bien des commissaires de surveillance et des gendarmes dans les gares du chemin de fer, nous estimons qu'il est bien plus important de surveiller un journal à grand tirage, qu'un petit mouvement de population comme celui qui a lieu, même dans une grande gare.

*
* *

Avec les données que le susdit commissaire recueillerait dans l'exercice de ses fonctions, il suffirait d'un simple mot ministériel, d'une dépêche Havas, pour mettre le public dans les confidences de coulisses et lui expliquer, par exemple, les motifs de certaines opinions du journal en question.

Les petites causes ont parfois de grands effets : si l'amendement Grévy avait été pris en considération en 1848, nous n'aurions pas eu Napoléon III et l'Alsace serait encore française.

*
* *

Si l'Assemblée nationale avait réduit à 300 le nombre des sièges de la Chambre des députés, au lieu d'en faire une cohue de 500 à 600 membres; si elle nous avait donné le suffrage universel, mais à deux degrés, le pays aurait marché de progrès en progrès, au lieu d'être embourbé entre trois partis à peu près d'égale force à la Chambre des députés.

Ces idées déplairont peut-être à quelques-uns de nos lecteurs, mais la France d'abord.

Nous trouvons que les révolutions coûtent cher, et qu'il vaut mieux amender ce qui existe que de risquer de bousculer l'état de choses actuel, en versant dans un inconnu dont personne ne peut prévoir les conséquences et dont les affaires font toujours les frais.

*
* *

Pour compléter ces mesures, il resterait à prendre une dernière disposition.

Nous voudrions voir inscrite dans la loi sur les incompatibilités parlementaires, l'interdiction d'être à la fois journaliste et homme public.

Choisissez, messieurs les députés et sénateurs journalistes, mais, si nous vous accordons volontiers le droit d'écrire dans les journaux, il n'est pas admissible que ceux qui sont pâtissiers *actifs* et *responsables* dans une aussi sale cuisine que celle d'un journal, fassent des marmitons bien propres dans celle de la chose publique, et nous vous demandons d'opter.

Vous aurez, de la sorte, la tribune parlementaire ou celle de la presse, l'une ou l'autre doit suffire à vos aspirations, la tranquillité publique, la fortune et l'avenir du pays sont à ce prix ; cela vaut bien, ce nous semble, la peine qu'on s'arrête à notre idée.

*
* *

Ce factum a été adressé à la Chambre des députés, sur le

vu à l'Officiel que la loi sur les sociétés anonymes lui avait été envoyée du Sénat.

3 décembre 1885.

LA CONCESSION BAVIER-CHAUFFOUR.

M. Rochefort demande des renseignements sur l'existence de syndicats financiers et sur certaines concessions de mines qui auraient été faites à M. Bavier-Chauffour. Il donne, à ce propos, lecture de la dépêche suivante, adressée par le général de Courcy au ministre de la guerre :

« Je reçois lettre ministère marine signée Rousseau. Il demande explications à propos concession terrain à Bavier-Chauffour, près Quebdo et du bassin houiller de Honghaï. Je refuse me mêler ces tripotages. Tout me paraît annulé. Roi précédent et ministre prévaricateurs en fuite ou déportés. »

M. Rochefort lit ensuite la réponse du général Campenon, ainsi conçue :

« Je partage votre opinion sur affaire Bavier-Chauffour.

« M. Lemaire. — Quand je suis arrivé à Hué, M. Bavier-Chauffour avait déjà traité avec le gouvernement annamite pour une concession. Son traité ne devait devenir valable qu'après approbation du gouvernement français. Un autre Français avait également traité ; mais ni celui-ci ni M. Bavier-Chauffour n'avaient de recommandations du gouvernement français.

Après la signature du traité de Hué, le gouvernement français a télégraphié de ne disposer d'aucune mine sans son autorisation. M. Bavier-Chauffour m'avait demandé à être transporté sur un bateau de l'Etat ; j'ai refusé. Il a alors freté une jonque. Arrivé à Hué, il demanda la ratification de son contrat. Je lui refusai mon appui.

« Quelque temps après, M. Bavier-Chauffour retournait au Tonkin et adressait une lettre des régents de l'Annam au président du conseil. M. Ferry n'a pas répondu. Il n'y a eu ni tripotages ni concessions de mines. »

*

* *

Je n'ai pas qualité pour défendre M. J. Ferry qui se défend bien tout seul, mais je me demande si maintenant, on ne va pas poursuivre tous les malpropres journalistes qui ont calomnieusement traîné dans la fange toute une honorable famille sur cette question-là.

En Angleterre, le pays de la liberté mais pas de la licence de la presse, les journalistes seraient accablés de prison et de dommages-intérêts ; en France, l'impunité est complète.

Si l'État avait, comme je le demande, des commissaires de surveillance dans les principaux journaux, leur rôle serait bien simple. Ils feraient, sur le vu du manuscrit du journal, des représentations au journaliste, chercheraient à savoir qui paye ces calomnies. « Dites si vous êtes sûr du fait ; si c'est vrai, on n'a rien à reprendre à votre récit, mais si c'est de la calomnie sans fondement, vous risquez gros », tel serait le propos que le commissaire tiendrait. L'article paraît, ou ne paraît pas ; s'il paraît, le rôle du juge alors est singulièrement simplifié, car le journaliste serait mal venu, après cela, d'arguer de sa bonne foi, et au moins la canaillerie, si elle fait son tour de France, serait payée à sa valeur par les tribunaux, et les collègues du journaliste en question se le tiendraient pour dit.

*
* *

C'est encore là une des raisons pour lesquelles il y a si peu d'hommes honorables dans les affaires publiques. Tout le monde n'est pas bardé de fer contre les malpropretés de la presse, et il serait temps qu'on autorisât la discussion, même la diffamation, si on peut en faire la preuve, mais qu'on interdise du moins la calomnie de profession et contre espèces, comme cela se pratique dans beaucoup de nos journaux et des mieux rentés.

4 décembre 1885.

EXTRAIT D'UNE PROFESSION DE FOI CONSERVATRICE.

« Quand un fonctionnaire fait son devoir, quand il remplit honnêtement et consciencieusement l'emploi qui lui est confié, il devrait être défendu, protégé, soutenu par le gouvernement. Est-ce ainsi que les choses se passent ? Non, les meilleurs fonctionnaires vivent perpétuellement sous la crainte de délations intéressées. Aucun d'eux n'est sûr de son lendemain. Aucun d'eux ne peut répondre qu'il ne sera pas remplacé par un nouveau venu, qui n'aura d'autre titre que d'être l'agent électoral d'un député de la majorité. »

*
* *

Voilà certes des idées fort sages, que tout progressiste signera volontiers, mais qu'on peut retourner contre les auteurs du 16 et du 24 mai. Il est évident qu'il nous faut une administration solidement constituée, c'est-à-dire composée de fonctionnaires capables et honnêtes. Si, à chaque revirement d'opinion, on remercie les employés, on portera un préjudice considérable au pays, en désorganisant et en démoralisant tous les services publics ; car l'administration, pour se recruter, ne trouvera plus que des politiciens, des incapables, des gens tarés et malhonnêtes.

Extrait du Courrier du Havre, 5 décembre 1885.

LE GROUPE AGRICOLE CONSERVATEUR.

Paris, 4 décembre.

« Nos amis, étant maintenant assez nombreux, viennent de constituer un groupe agricole à part, qui, lorsque les circonstances l'exigeront, s'entendra avec le groupe correspondant de la gauche. »

*
* *

Voilà une bonne nouvelle !

Nous ne marchons pas d'accord au point de vue politique, mais nous nous entendrons sur les questions d'affaires. Si les Chambres de commerce suivent cet exemple, nous aurons bien vite fait de balayer les fantoches et les énergumènes de la Chambre des députés !

*
* *

Le roi Thibau vient de faire sa soumission aux Anglais ; il leur a livré les canons de son armée et ses forteresses.

Aujourd'hui, la Birmanie fait partie de l'empire des Indes, dont elle sera une des plus riches provinces. Sa valeur est d'autant plus grande que par l'Iraouaddy elle ouvre à la marine britannique une voie fluviale d'une extrême importance ; d'un autre côté, elle permet aux négociants anglais de s'établir sur les frontières de la Chine, pour attirer à eux le commerce de cette puissance qui, dans le sud, manque de débouchés. Dans quatre ou cinq ans, les capitalistes anglais auront construit un chemin de fer qui amènera les produits chinois jusqu'à l'Iraouaddy, lequel les transportera jusqu'à Rangoon.

En s'emparant de la Birmanie indépendante, les Anglais ont voulu établir à leur profit une compensation ; ils n'avaient pas pu nous empêcher de conquérir le Tonkin et de pénétrer, par le fleuve Rouge, jusqu'au Yunnan ; ils ont pris leur revanche en essayant de nous disputer, par la voie birmane, le trafic avec la Chine.

Car — et c'est là un point essentiel, que l'on oublie presque toujours — ce qui donne une importance considérable au Tonkin, ce n'est pas la fécondité de son sol, la richesse de ses usines et de ses forêts. On ne connaît pas encore assez exactement notre nouvelle conquête pour en déterminer toutes les ressources. A notre avis, elle a surtout de la valeur parce qu'elle peut nous ouvrir un marché considérable dans les provinces les plus riches et les plus peuplées de l'empire chinois. Le pays pacifié, la paix entretenue avec le Céleste-Empire par une diplomatie habile, en améliorant le cours du fleuve Rouge ou en établissant parallèlement un chemin de fer économique du Yunnan à Hanoï, de Hanoï à la baie d'Along, dans laquelle serait créé un vaste port, capable d'abriter, avec les navires marchands, toute une flotte de guerre, on pourrait faire du Tonkin le déversoir de tout le commerce méridional de la Chine.

Mais pour réaliser ce plan d'ensemble, dont l'exécution exigerait du temps et de l'argent, il nous faudrait un gouvernement stable, une Chambre se préoccupant exclusivement des intérèts nationaux et non de ses intérèts électoraux, poursuivant franchement et sans relàche le même but, sans en être distrait par les coteries parlementaires.

Malheureusement, ce gouvernement nous ne l'avons pas, et les Anglais l'ont.

Ainsi s'expliquent les résultats différents obtenus par les deux pays dans l'Extrême-Orient, et la modicité du coût de l'expédition anglaise de Birmanie comparée à celle du Tonkin.

Avons-nous raison de dire qu'il vaudrait mieux payer cher nos mandataires, mais aviser en même temps aux moyens (préparation électorale) d'en avoir de bons, plutôt que d'avoir des députés qui font de la diplomatie de commérage avec les fortes têtes de leurs comités électoraux, et que nous ne payons que 9,000 francs par an.

Nous n'avons pas la prétention de trouver des Richelieu, ou des Bismarck, dans toutes les circonscriptions de France, mais certainement on peut y trouver mieux que ce qu'on a aujourd'hui à la Chambre ; il suffit de se donner la peine de chercher des hommes de valeur et de trouver un moyen pratique de les mettre en relief, au lieu de laisser perdre leur lumière sous le boisseau de l'indifférence et du découragement publics.

Il va de soi que nous n'en arriverons là, que si nous ne demandons pas à ces mêmes hommes de faire les charlatans pendant les périodes d'élection, et si nous les protégeons contre les calomnies sans fondement de la presse autrement qu'en leur accordant 1 fr. de dommages-intérêts, quand leur honorabilité est attaquée dans la presse.

*
* *

« Quoique le sujet ne soit pas trop de notre compétence, « nous signalons avec un plaisir marqué à notre public mi- « litaire que le président de la commission des crédits du « Tonkin a reçu de chaudes félicitations de la part du gou- « vernement allemand, en sa qualité de futur chef du cabinet « d'évacuation.

« D'heureuses indiscrétions nous ont appris quels sont les « projets du ministère à venir.

« Au commencement de 1886, on procédera à l'évacuation « du Tonkin, de la Cochinchine, de l'Annam, et à la fin de la « même année, on procédera à celle de Madagascar, de « Mayotte, de Nossi-Bé, et autres points que nous céderons « aux Hovas, lesquels seront nos amis à tout jamais, et pren- « dront en revanche l'engagement de veiller sur l'île de la « Réunion livrée à elle-même.

« En 1887, on évacuera les Antilles et la Guyane, et en « 1888, on évacuera l'Algérie.

« On se propose de garder la Nouvelle-Calédonie, parce que

« nous avons là-bas des gens à ménager qui s'y trouvent
« fort bien et qui ne tiennent pas à se déplacer.

« Pendant que toutes ces grandes opérations s'effectue-
« ront, on poursuivra avec le gouvernement allemand d'acti-
« ves négociations à l'effet de mettre la France sous le pro-
« tectorat de l'Allemagne.

« Voici l'heureuse idée qui est mûrie par nos futurs mi-
« nistres.

« On espère que l'Allemagne acceptera de nous protéger
« pour la modique somme de 250 millions. Les budgets réu-
« nis de la guerre et de la marine allant à 850 millions, le
« bénéfice sera clair.

« Il est bien entendu que, lors de l'évacuation d'une de nos
« colonies, l'Allemagne aura la préférence entre toutes les
« puissances qui voudront bien s'en charger. On nous dit
« qu'elle a déjà jeté son dévolu sur l'Algérie, et qu'en consé-
« quence elle demandera qu'on lui remette la place de Toulon
« et qu'on lui accorde le libre parcours sur la ligne Paris-
« Lyon-Méditerranée. C'est très raisonnable.

« On pourra alors — enfin ! — réaliser cette grande et
« utile réforme si désespérément réclamée par le pays, la
« suppression de l'armée active et de l'armée territoriale, y
« compris bien entendu la gendarmerie.

« Pour cette dernière arme, il est reconnu qu'elle est ab-
« solument inutile dans l'intérieur du pays ; cependant, pour
« certaines exhibitions, elle sera remplacée par les bataillons
« scolaires.

« Nous oubliions de dire que des négociations seront ou-
« vertes avec le gouvernement italien, qui se chargera de
« la Tunisie et de la Corse.

« Il est temps que l'on cesse de poser aux Français cette
« abominable tyrannie de leur faire porter les armes. Nous
« sommes déjà revenus de la gloire ; il s'agit de revenir de
« l'histoire, et, pour commencer, revenons d'abord du Ton-
« kin et de l'Algérie.

« Il est temps aussi d'oublier nos haines à l'**égard** de cette
« grande et généreuse Allemagne qui ne demande qu'à nous
« être agréable. Certains emportés, certains fous furieux, cer-
« tains épileptiques, qui voyaient des menaces et des insul-
« tes là où elles n'existaient pas et qui avaient le suprême
« mauvais goût de rire quand les journaux espagnols appe-
« laient l'Allemagne « colosse d'occasion », en seront pour
« leur courte honte. Qu'ils apprennent que tous les peuples
« sont frères, et que Sédan et Iéna n'ont jamais existé que
« dans les romans.

« Un peu de honte rejaillira sur la France : mais, le pre-
« mier moment passé, comme nous serons heureux !

« La *France militaire*, quand elle aura à faire ses adieux à
« l'armée, ne disparaîtra pas ; elle changera simplement son
« titre et s'appellera *L'évacuation*.

« Elle espère avoir beaucoup de lecteurs. »

*
* *

Nous reproduisons, d'après la *France Militaire*, l'article
humoristique ci-dessus qui, sous une forme légère et iro-
nique, dépeint fort bien les sentiments de la grande majorité
des Français : si ces derniers pensent comme nous, ils
ne nous marchanderont pas leur concours. Ils nous aideront
à débarrasser le Palais-Bourbon des trop nombreux crétins
qui y ont élu domicile et font de la France la risée de l'Europe.

Montjoie-Saint-Denis, et vive la République, droite ou
gauche, peu nous importe après tout, pourvu que ceux qui
portent le drapeau soient de vrais Français de France, des
hommes honorables et *capables !*

*
* *

5 décembre 1885.

Les réclamations se multiplient de plus en plus contre la
situation faite à la production nationale, soit par les traités

de commerce, soit par les tarifs de transport, établis souvent de manière à constituer une protection à rebours au profit de l'étranger. La colère monte de plus en plus à la gorge du public des affaires, en présence de l'insouciance byzantine d'un trop grand nombre de nos députés.

Il y a sous nos yeux un fait brutal qui frapperait nos législateurs, s'ils voulaient bien oublier, un moment, les questions de secte, de coulisse, etc., pour ne songer qu'aux grands intérêts du pays qu'ils ont accepté d'administrer !

En 1864, le tonnage de Hambourg, d'Anvers et du Havre, était d'un million de tonnes ; en 1884 le tonnage de Hambourg était de 4,100,000 tonnes; celui d'Anvers, de 3,750,000 ; celui du Havre, de 2,350,000 tonnes.

Jadis, presque tout le transit entre l'Amérique et l'Europe centrale se faisait par le Havre ; aujourd'hui il déserte notre place pour passer par Anvers, Rotterdam, Brême, Hambourg et Gênes.

Il ne serait que temps de secouer l'inertie française et de remédier aux causes d'infériorité qui paralysent notre essor commercial.

Il s'est fondé tout récemment, à Paris, un journal intitulé : *Paris port de mer !* Le titre nous dit quel est l'objectif, le but poursuivi ; dans l'esprit des fondateurs du journal, il suffirait de faire de la capitale un port accessible aux plus gros navires pour détourner en notre faveur la balance du transit qui nous échappe aujourd'hui. C'est là, indépendamment du coût de l'opération, une illusion plus généreuse que pratique et, en attendant la réalisation du projet, le public des affaires serait mort et enterré.

La question si controversée de la nouvelle entrée du port du Havre démontre qu'il ne suffit pas pour résoudre le problème de faire un canal plus ou moins profond ; mais qu'il y a lieu de tenir compte des complications hydrographiques, d'autant plus complexes qu'il s'agit d'un parcours canalisé, étendu à toute la longueur de la Seine de Paris au Havre.

Sans rejeter *ab ovo* l'idée des honorables promoteurs de Paris port de mer, nous croyons qu'il y aurait mieux à faire pour le moment; « un petit grain de mil ferait mieux notre affaire » ! Nous nous contenterions d'une enquête faite par des industriels, des négociants, des ingénieurs, à l'instar des congrès de Rome, de Hambourg et d'Anvers, en vue d'apporter à l'état de choses existant les perfectionnements compatibles avec notre situation budgétaire et avec l'organisation de nos voies ferrées et fluviales.

Supprimer les frottements d'une part et apporter de l'autre à notre outillage les perfectionnements compatibles avec notre situation économique, tel devrait être, à notre avis, le but que se proposerait la commission d'enquête parlementaire ou commerciale.

Nos ingénieurs, notre personnel de chemin de fer sont certainement, et toute fausse modestie mise de côté, les premiers du monde, et sous ce rapport nous n'avons rien à envier à personne.

En est-il de même des administrateurs de nos lignes ferrées ? Nous n'hésitons pas à dire que là nous sommes en infériorité notoire vis-à-vis de l'étranger. Le transport des voyageurs se fait chez nous dans des conditions défectueuses, et cependant la circulation est en raison directe des facilités que l'on donne aux voyageurs. Citons pour mémoire les voitures inconfortables, la circulation sur les quais que nous avons tant de peine à obtenir, les billets d'aller et retour, et les voyages à itinéraires à déterminer plus pratiquement ; autant de réformes qui ne demanderaient qu'un peu de bon vouloir et de sens pratique et qui développeraient la circulation, comme les Allemands l'ont développée en Alsace malgré l'émigration ; le débouché commercial, qu'il s'agisse de la grande ou de la petite vitesse, l'aménagement des gares, des trains, tout cela laisse à désirer chez nous.

Qu'il s'agisse des chemins de fer algériens, de la ligne du

Havre à Paris, du chemin de fer de Remiremont à Cornimont, partout nous trouvons les mêmes plaintes justifiées,
la même indifférence de la part des autorités et des Compagnies, qui vous renvoient d'Hérode à Pilate en réponse aux
réclamations légitimes du public.

Les classifications de nos tarifs sont défectueuses. Il y a
des articles qui ne supportent pas les gros frets [1].

Il est insensé de faire payer pour des pommes de terre
presque autant qu'elles valent pour frais de transport de
Belfort au Havre. C'est les condamner à pourrir sur place,
d'où perte sèche pour le producteur, pour le consommateur,
pour la Compagnie et pour l'Etat qui garantit la Compagnie.

Il est insensé de faire payer au coton, du Havre à Mulhouse, le double de ce que paye ce même coton, de Gênes,
d'Anvers, de Brême ou de Rotterdam à Mulhouse, pour des
distances plus grandes. C'est la ruine de notre marine mar-
chande, de nos importateurs, des courtiers, des commissionnaires, des manœuvriers en tous genres ; c'est la ruine des
commissionnaires qui ne peuvent plus fixer des ordres sur
une marchandise qui, rien que du fait du transport plus
cher, revient à 0 fr. 50 de plus qu'à Liverpool, Brême et
Anvers ; c'est le déplacement du courant commercial du coton au détriment du Havre, au détriment des filateurs inté-
ressés à avoir leurs réassortiments à leur portée.

Tous ces faits économiques se commandent.

[1] Coût des pommes de terre, 6 F.; port de Bas-Évette au Havre, 4 F. 03
par 100 kilogr.

Transport des cotons d'Anvers à Mulhouse, F. 24 28 ; du Havre à Mulhouse
par chemins de fer français, F. 44 50 ; et du Havre à Mulhouse *par Anvers*,
F. 36.

Ces prix-là pesaient peu sur le coton quand il a valu 300 F. les 50 kilogr.,
mais aujourd'hui, le prix moyen a baissé à F. 60, et les fabriqués en pro-
portion : le port du coton pèse donc d'autant plus lourdement sur la production que les prix sont plus bas. C'est ce que les chemins de fer étrangers ont compris depuis longtemps ; de là les réductions successives qu'ils
ont apportées à leurs tarifs. Ces questions-là pèsent encore plus sur la
production que l'insuffisance des droits de douane.

Voilà des années que nous appelons l'attention des Compagnies sur cette ânerie économique.

Il y a là une question à étudier et à finir promptement, car nous ne saurions admettre que nous soyons plus bêtes que les Belges, les Allemands et les Italiens.

Un recueil simple, pratique et peu volumineux des facilités de voyage et des tarifs généraux et unifiés des lignes françaises pour voyageurs et marchandises rendrait les plus grands services au public.

Toutes ces questions devraient être examinées, les classifications remaniées, les perfectionnements qu'on remarque chez les étrangers étudiés et appropriés à notre situation économique. Ces questions gagneraient à être discutées dans un congrès du commerce, dont les desiderata seraient au besoin pris en considération par les pouvoirs publics.

Le monde marche autour de nous et, si nous ne nous décidons pas à suivre le progrès, nous serons de, plus en plus distancés par nos habiles voisins.

Notre faible voix sera-t-elle entendue? C'est si aride ces questions d'affaires ! Mais c'est cependant avec ces questions-là qu'on fait vivre le pays, qu'on paye l'impôt, bien plus qu'avec les éternelles scies de l'amnistie, de la mairie centrale, et autres balançoires électorales propres tout au plus à amuser les lecteurs des journaux de barrière et à faire perdre un temps précieux à la Chambre.

M. Thiers disait que l'avenir est au plus sage ; nous sommes persuadés que l'avenir serait aux hommes qui, d'où qu'ils viennent, faisant taire leurs préférences personnelles pour telle ou telle forme de gouvernement, imprimeraient énergiquement, et en belle page, les réformes économiques dans le fond de leur chapeau comme les Italiens y ont écrit jadis : « Rome et Venise ! »

10 décembre 1885.

Nous avons indiqué précédemment quelques moyens pratiques généraux de développer nos colonies et nos échanges (lois sur les emprunts étrangers et révision de la loi sur les sociétés anonymes). Connaissant particulièrement l'Algérie, nous nous permettrons de signaler aussi pour cette colonie quelques réformes locales, susceptibles dans l'avenir de développer nos ressources par ce riche pays.

*
* *

On a dit souvent que l'Algérie nous avait coûté cher et qu'elle ne nous rapportait rien. Mais, supprimez les impôts dans la Seine-Inférieure ! et ce département ne vous rapportera rien non plus.

Il s'agit de s'entendre ! La métropole a fait pendant 55 ans en Algérie des frais et des travaux d'art comme jamais les Anglais n'en ont fait dans leurs colonies ; ces frais de premier établissement ont été forcément élevés ; et aussi longtemps que les marchandises étrangères entraient en Algérie en payant presque les mêmes droits que les marchandises françaises, nous avons été les dindons de la farce, mais ces errements de jobards ou de vendus tendent à disparaître.

On a dit à ce sujet que les Anglais nous fermeraient leurs colonies, si nous leurs fermions les nôtres. D'abord il ne s'agit pas de les leur fermer plus que nous ne leur fermons notre marché continental ; et ensuite quand cela serait, l'Angleterre étant plus productrice que nous, nous ne perdrions pas à une loi du talion dans laquelle nous aurions le dernier mot, puisqu'il suffirait d'exhausser en bloc notre tarif général des douanes pour tenir en échec John Bull et ses grosses pattes d'ogre brutal mais malin.

4

Nos gouvernants se réndent compte que le marché de nos colonies doit, avant tout, appartenir à la mère patrie, qui en fait les frais pour rentrer dans ses débours.

Il y a donc là, pour nous, à prendre un bénéfice indirect au fur et à mesure que l'Algérie se développera, et cette colonie peut commencer à payer, aujourd'hui, ce que le Tonkin va nous coûter avant d'être en rendement.

*
* *

Au point de vue de l'État, nous ne voyons pas pourquoi nous ne tirerions pas de nos colonies des ressources qui nous échappent aujourd'hui.

*
* *

Le fisc pourrait acheter à l'Algérie l'octroi de mer en inscrivant au budget des dépenses la somme que l'Algérie touche de ce fait et en assimilant, pour tout, cette colonie au tarif général des douanes ; ce qui lui laisserait ses ressources actuelles tout en donnant au Trésor une plus-value de recettes assez considérable, surtout pour l'avenir.

Les intermédiaires presque seuls bénéficient de l'état de choses actuel.

L'Algérie ne paye presque pas de droits sur les cafés, et nous payons en France 156 fr. en douane par 100 kilog. quand le good-average Santos coûte d'achat 49 fr. par 50 kilog. à l'entrepôt, et cependant vous payez 0 fr. 30 le mazagran dans les cafés algériens comme chez nous, avec cette seule différence qu'en France le café qu'on boit est généralement bon, tandis qu'en Algérie pour ce même prix il est mauvais !

*
* *

La création de Chambres d'agriculture avec ressources propres et déterminées à l'instar des Chambres de commerce, déchargerait en partie le fisc pour les frais à faire, pour les travaux d'ensemble à exécuter, et stimulerait par l'association l'initiative locale.

*
* *

Les chemins de fer sont insuffisants en Algérie, non pas tant comme réseau kilométrique que comme débouchés et organisation des services. Un exemple : A Sahouria (Oran), petit pays qui a plus de 300 hectares de vigne, de la terre à brique, la chaux et le plâtre à fleur de terre, nous n'avons encore pu obtenir, malgré l'appui de l'administrateur, qu'un arrêt pour voyageurs, alors que l'important au point de vue économique serait l'établissement d'une gare pour marchandises pour stimuler l'industrie et l'échange.

Dans l'Ouest-Américain le chemin de fer sert à la fois de route, de chemin de fer et de tramway ; en Algérie, il faut se gendarmer pour obtenir qu'un des rares trains qui passent s'arrête à un arrêt. Après tout les chemins de fer sont peut-être faits dans le but de consommer du charbon à la Compagnie, et de faire payer des garanties d'intérêt à l'Etat, c'est-à-dire aux contribuables ? Et nous ne parlons que des voyageurs sans bagages ! car les autres sont obligés de descendre à la gare la plus voisine et de se débrouiller comme ils peuvent. Comme tout cela facilite les transactions et les échanges !

— Il est inutile, disait un jour un administrateur que l'Europe ne nous enviera certes pas, de faire une route par là, personne n'y passe !

— Faites la route d'abord et on y passera quand elle sera faite, lui répondit-on avec raison. — Nos administrateurs de chemins de fer raisonnent comme cet administrateur modèle ; qu'il s'agisse, comme nous le disions précédemment, de desservir l'Algérie ou la vallée de la Moselotte (gare et service de quatrième ordre pour desservir la région industrielle de Cornimont), c'est toujours la même absence de sens pratique que l'on trouve devant soi, et partout les mêmes frottements anti-économiques et énervants pour le public des affaires.

*
* *

On a donné jadis pour rien en Algérie beaucoup de terrains, et leurs propriétaires, qui ne les ont jamais vus, se gardent bien de les mettre en valeur et les laissent en friche en attendant des temps meilleurs pour les vendre. Il n'est pas possible de revenir sur ces concessions, mais ne pourrait-on imposer d'une amende-impôt ceux de ces terrains de concession qui sont restés en friche ? De trois choses l'une : ou les propriétaires payeraient l'impôt, ou ils vendraient leurs propriétés, ou bien ils les mettraient en valeur. L'État pourrait en racheter une partie et les revendre, ou les donner avec servitude de culture à de vrais colons ou à des fils de nombreuses familles agricoles.

*
* *

Nous ne voyons pas pourquoi on paye en Algérie un paquet d'excellentes cigarettes 0 fr. 25, quand en France nous payons 0 fr. 60 pour en avoir souvent de mauvaises. Le tabac est un article et un impôt de luxe, qu'on paye si on le veut bien, et c'est encore là une ressource budgétaire que nous trouverions si nous voulions bien la cueillir.

*
* *

Les notaires sont insuffisants en Algérie [1], et ceci est d'autant plus grave que l'échange de la propriété est plus

---

[1] Sur trois notaires, auxquels je me suis adressé à Oran, il n'y en a qu'un, M⁰ Lelarge, qui m'ait fait des actes corrects de premier jet.

compliqué là qu'en France. Nous préférerions, sous ce rapport, l'organisation française à l'organisation algérienne, c'est-à-dire le notaire propriétaire de son étude et intéressé par conséquent à en défendre la capitalisation, au notaire simple fonctionnaire, amovible par conséquent, et peu intéressé à finir promptement et proprement les choses; d'où gêne, ennuis et pertes pour les acquéreurs de terres.

La propriété collective des tribus est un obstacle à la colonisation et un motif de paresse pour les indigènes. La division et la classification de la propriété arabe est à conduire de front petit à petit avec l'état civil des indigènes. L'adoption d'une mesure générale pourrait avoir des inconvénients, si elle n'était pas comprise par les Arabes, mais rien n'empêche que cette réforme, d'abord localisée, ne puisse être étendue plus tard à toute l'Algérie, ce qui nous permettrait, dans un avenir donné, de recruter gratis, par une loi militaire, nos régiments indigènes an lieu de le faire par voie de primes, moyen fort onéreux pour le Trésor. Les indigènes viendraient du reste, d'eux-mêmes, à l'état civil, s'il était entendu que les enfants qui ne sont pas déclarés au maire ou au caïd n'hériteront pas de leurs parents, ce qui faciliterait du même coup l'état civil des propriétés.

*
* *

« Finissez » ces quelques réformes que nous signalons-là et, d'ici quelques années, vous jugerez des résultats et de la valeur du débouché algérien au point de vue de nos industries et du rendement des impôts.

*
* *

Notre colonie algérienne, qu'on a justement appelée le prolongement de la France, marchera toute seule, surtout si on nous laisse notre gouverneur actuel, qui sait où sont les choses et qui s'occupe au moins de nos affaires ; et vous pourrez alors développer l'Indo-Chine et faire à son tour de cette colonie une colonie d'exploitation, qui sera pour la France l'équivalent de ce que les Indes ont été et sont pour l'Angleterre. Nous n'étions pas d'avis, étant donnée notre situation continentale et la question non liquidée de Suez, d'aller en Indo-Chine, mais, maintenant que nous y sommes, restons-y ! Construisez ou ne construisez pas, mais, si vous construisez, ayez au moins le sens pratique de mettre votre maison sous toit, si vous ne voulez pas enterrer l'argent dépensé dans une ruine !

Cela peut être très attique et très amusant de faire une niche à M. Jules Ferry et aux partisans de l'expansion coloniale, mais n'oubliez pas, nos seigneurs et maîtres ès députés, que c'est la France qui payera les pots cassés de votre cuisine parlementaire ; aussi attend-elle avec anxiété votre verdict tonkinois.

*
* *

D'ici là, la question de Suez et de Panama sera réglée, la neutralité de ces isthmes sera reconnue par toutes les puissances, et vous ne risquerez pas de vous voir couper de votre base d'opération par les Anglais à Suez, ou par les Américains à Panama. Sinon, c'est-à-dire si l'Angleterre et les Etats-Unis nous coupent nos communications d'outre-mer par un Gibraltar égyptien ou panamien, il serait imprudent de chercher à trop perfectionner, dès aujourd'hui et à grand frais, une colonie de beaucoup d'avenir sans doute, mais placée hors de la portée de nos moyens militaires, et qui resterait subordonnée aux convoitises et au bon vouloir des puissances maritimes si nous avions à compter avec des embarras sur le continent.

*
* *

Il y a là, avec un peu de bonne volonté de la part des pouvoirs publics, de l'argent à récolter pour le Trésor, par la bonne administration à développer en Algérie et plus tard en Indo-Chine, des débouchés à préparer à nos industries ; c'est là un sujet peu retentissant, qui n'amusera pas la galerie des inconscients, mais qui contribuerait à la réorganisation du travail ; et à ce titre nous estimons qu'il serait vraiment à désirer qu'on en finisse une bonne fois avec les questions de politique pure, qui n'intéressent que les politiciens, les faiseurs de grabuge payés *ad hoc*, la coulisse de la Chambre des députés, et les journalistes sans cesse en quête de nouvelles à sensation.

Nous ne demandons pas que la France tue des hommes pour créer des débouchés à notre industrie et à notre commerce, comme l'Angleterre l'a fait en Birmanie et souvent avant, mais qu'on se décide simplement à mettre en valeur les éléments de richesse que nous possédons, alors qu'il ne s'agit pour « aboutir » que d'un peu d'indulgence, surtout de tolérance réciproque, de bon sens et de patriotisme de la part des hommes publics qui tiennent dans leurs mains les destinées de la Patrie !

En attendant la réalisation de nos vœux de réformes, nous en sommes encore à chercher à faire du commerce avec nos colonies, quand les Anglais en sont déjà arrivés à faire de l'industrie dans les leurs.

L'Inde en 1879 consommait dans les filatures de coton 260,000 balles, aujourd'hui elle en consomme 560,000, et représente un chiffre de broches presque égal à celui de la France.

Cette situation ira naturellement en augmentant, car les constructeurs anglais ne visent qu'à construire jusqu'à extinction et ils trouvent chez eux de l'argent pour leurs colonies tandis que chez nous on en trouve pour toutes les affaires bêtes d'extra muros et dangereuses pour la chose publique, mais pas pour faire des affaires coloniales et françaises, parce que les pouvoirs publics paraissent s'obstiner à ne pas vouloir réagir contre les emprunts étrangers, qui drainent le plus clair de notre épargne vers l'étranger et vers l'ennemi.

*
* *

Quand le trop-plein de Manchéster se fera sentir, il ne faudra pas nous étonner de voir nos voisins se servir, pour trouver de nouveaux débouchés à leur industrie aux abois, des grands et petits moyens qui leur ont si bien servi contre nous en 1860. Et, pendant ce temps, nous négligeons de développer les débouchés qui sont à notre portée, et nous faisons de la politique coloniale et des « potins » militaires qui feraient se pâmer d'aise Mme de Pompadour, de néfaste mémoire.

11 décembre 1885.

*
* *

On a mis 55 ans pour mettre l'Algérie en valeur, et on veut déjà récolter en Indo-Chine, après trois ans d'occupation et au lendemain de la conquête ! c'est en vérité trop demander à la plus jolie fille du monde !

Espérons du moins que le gouvernement ne faiblira pas, et que, plutôt que de signer notre acte d'abdication et de prêter la main à la déchéance de la France dans l'Extrême-Orient, il renverra les obstructionistes de la Chambre expliquer leur politique de coulisse, d'ambition inavouable et de rancune personnelle à leurs électeurs.

*
* *

Qu'on fasse de l'opposition au gouvernément c'est fort bien, mais qu'au moins ce soit sur une plate-forte légitime, intelligente et dont la nation entière n'aura pas à payer les frais dans le présent et dans l'avenir.

18 décembre 1885.

M. C. Pelletan dit dans son rapport sur la question du Tonkin :

« Il faut employer nos millions non à faire des guerres lointaines, mais à réformer les lois organiques de notre commerce et de notre industrie. »

Mon Dieu, nous n'en demandons pas tant ! Avant de placer de l'argent en réformes utiles, commencez donc, Messieurs, par faire les lois qui ne vous coûtent qu'un peu de bon vouloir, et celles qui vous rapporteront sans rien vous coûter, et celles qui supprimeront les frottements !

1° Loi sur les emprunts étrangers :

Changez pour faire mieux, d'accord, mais changer pour changer sans faire mieux, ce n'est pas la peine en vérité.

Elle donnera, avec le débouché, du pain à vos ouvriers électeurs et, quand vous l'aurez votée, vous pourrez réserver pour leur dessert, et quand ils auront mangé, les grandes phrases dont vous êtes si prolifiques.

*
* *

2° La loi sur les Chambres d'appel commercial.

* *
*

3° Supprimer les longueurs de justice : un procès qui dure quatre ans c'est la ruine des petits, car ils ont besoin de leur capital pour leurs affaires.

*
* *

4° La révision de l'art. 282 du Code de commerce.

N'est-il pas absurde d'imposer au commerce français le risque de se voir volé par des capitaines étrangers, qui peuvent plaider justement que la signature d'un agent accrédité ne les oblige pas à livrer la marchandise qu'ils ont reçue en dépôt !

*
* *

5° La loi sur la presse.

En vain nous dira-t-on que cette dernière est une industrie comme une autre. S'il nous convient d'établir une usine, une maison à gros numéro, nous serons soumis à de certaines formalités, notre liberté sera subordonnée à l'intérêt public. Eh bien ! est-ce que la presse, qu'on a justement appelée le quatrième pouvoir de l'État, qui est un État dans l'État, n'est pas une institution qui peut, à un moment psychologique donné, devenir dangereuse pour la chose publique ? Son pouvoir n'est-il pas tel que celui qui le manœuvrerait habilement, en cas de guerre continentale par exemple, serait presque sûr du succès contre nous ? Personne ne contestera qu'elle démoraliserait singulièrement la défense, si nous assistions, sous les yeux de l'ennemi, à des histoires comme celles que nous avons vues dans l'enquête du Tonkin, à des indiscrétions de reporter, à des commentaires sur la valeur des chefs, etc.

19 décembre 1885.

LA SITUATION ET SA SOLUTION.

Nous avions demandé à la précédente législature de revenir au suffrage à deux degrés, qui nous avait donné la Chambre la plus réformatrice de la première République, ou tout au moins d'ajouter la préparation électorale au scrutin de liste. (Voir les *Cahiers de* 1889, par un négociant, Ghio-éditeur, Palais-Royal, Paris.)

Au lieu d'avoir un congrès électoral sans mandat, des délégués qui se nomment tout seuls, on eût fait nommer deux ou trois délégués par canton ; ces délégués, se réunissant au chef-lieu, auraient fait une liste de majorité, pesé le pour et le contre de chaque candidat et soumis la liste ainsi formée au suffrage universel. C'était un moyen pratique d'avoir pour les élections des personnalités en relief.

Le Parlement ne s'étant pas arrêté à cette idée, il ne nous restera, si nous voulons que la Chambre des députés soit recrutée comme doit l'être l'administration supérieure d'un grand pays, qu'à recourir à un moyen pratique d'arriver à ce résultat par des voies détournées.

Pour faire une élection, il faut un moyen d'action, un baliveau : la propagande électorale, les frais d'élection, d'affiches ; répondre aux questions posées, etc. Il faut que quelqu'un le fasse, il faut qu'il y ait une organisation préparée *ad hoc*, car un homme seul, ou un petit groupe sans autorité suffisante, est impuissant à le faire.

Nous ne voyons guère que les Chambres de commerce qui soient susceptibles de présenter un cadre d'action capable de jouer avantageusement le rôle que les seuls journaux ont rempli jusqu'à ce jour, et nous savons dans quelles conditions !

Sans doute, ce n'est pas en tant que **Chambres de commerce** que ces Chambres pourront remplir le rôle que nous voudrions leur assigner ; elles n'en auraient pas le droit ; mais qui empêche les membres de ces Chambres, tous hommes d'affaires, gens pratiques et intelligents, de siéger hors séances et de former ainsi un comité électoral bien autrement sérieux et compétent que tous ceux que nous voyons fonctionner ordinairement et qui tablerait sur une plate-forme de réformes économiques à finir ?

Croyez-vous, par exemple, que si la Chambre de commerce de Paris s'était mise d'accord avec les corps savants de la capitale et les Chambres syndicales de patrons et d'ouvriers pour proposer des candidats de valeur, représentant les intérêts moraux et matériels de Paris, on en aurait été réduit à plébisciter sur des listes de journalistes et à faire passer dans la Seine vingt à vingt-cinq guignols sur trente-huit députés ?

Dira-t-on que les Chambres de commerce présenteraient des candidats uniquement d'affaires ? Ce ne serait pas déjà un si grand mal, car les hommes d'affaires connaissent la valeur du temps et n'ont pas l'habitude de le perdre en discours oiseux ; mais il n'y a en France que quatre-vingt quatre Chambres de commerce, leur action ne s'étendrait donc pas partout ; et si, comme c'est probable, on crée des Chambres d'agriculture, à l'instar des Chambres de commerce, elles formeront un nouveau baliveau électoral, et leur influence viendra à la fois appuyer et limiter celle des Chambres de commerce.

Cette action des hommes d'affaires sur les élections a eu les plus heureux résultats dans la Seine-Inférieure : les républicains auraient pu voter pour la liste conservatrice, ou les conservateurs pour la liste républicaine, sans avoir rien à craindre pour le maintien de l'ordre, de la famille et de la propriété, et le choix moyen des hommes était désirable, sur une liste comme sur l'autre.

*
* *

Il est absurde de prétendre recruter la Chambre au suffrage direct et sans préparation électorale, quand on demande des diplômes et des stages aux moindres petits fonctionnaires. Supposez que vous arrêtiez la circulation sur un des grands boulevards et que vous criiez bien haut qu'il vous faut un médecin, un avocat! plusieurs se présentent aussitôt. Ferez-vous voter la foule pour savoir celui que devez choisir ; auriez-vous confiance dans un vote pareil, basé peut-être sur la bonne mine du candidat ou sur les paroles plus ou moins habiles qu'il aura su prononcer? Non, n'est-ce pas? et pourtant nos députés ne sont pas nommés autrement. Pourquoi les logiciens à outrance, qui veulent tout ramener au suffrage universel, ne vont-ils pas jusqu'au bout de leur logique? On pourrait nommer à l'élection les médecins, les avocats, les professeurs, les mécaniciens! Oui, mais nous vous affirmons que si vous investissiez M. Grévy de l'honneur de conduire un train de chemin de fer ou un steamer, nous ne naviguerions pas sous son étoile, tandis que nous sommes sûrs qu'avec lui, comme président de la République, nous ne nous réveillerons pas en coup-d'État. Comment se fait-il qu'on exige de tous les gens qu'on emploie, d'être au courant de leur besogne, et que les premiers venus nous paraissent assez bons pour cette grande besogne du gouvernement du pays? Aussi en a-t-on perdu du temps dans notre Chambre des députés depuis 15 ans !

Ce n'est pas que les hommes de valeur manquent à la Chambre ; mais ils sont noyés dans un océan d'incapacités et d'obstructionnistes qui découragent les travailleurs. Attelez un cheval et un âne ou une mule à une voiture, et le cheval sera obligé de mettre son allure au pas de l'âne. Cette image s'applique à la Chambre, et il est hors de doute

que l'incapacité de beaucoup de ses membres entraîne l'incapacité du corps entier. La Chambre des députés a été pendant trop longtemps un casino, un cercle, il ne serait que
temps qu'elle devienne enfin une Chambre de travail.

*
* *

La question de l'indemnité à payer aux sénateurs et aux
députés n'est pas sans avoir une grande influence sur la valeur de nos élus. Les commissions réduites, les salaires ré-
duits coûtent souvent cher !

Il n'est pas juste qu'un homme qui abandonne ses affaires
en province pour aller habiter Paris, soit pécuniairement
victime de son dévouement à la chose publique. Jadis on
payait 40,000 francs un sénateur, et depuis ce temps la vie
a renchéri. Mais, au moment où nous avions des milliards
à payer aux Prussiens, des millions à payer aux d'Orléans,
le Parlement n'a pas voulu surcharger nos finances, et il a
fixé l'indemnité de nos mandataires à 9,000 francs.

La conséquence de cet état de choses a été que parmi les
mandataires du pays, il s'en est trouvé qui se sont payés
d'une autre façon, et qui, au lieu de travailler pour notre
compte, ont travaillé pour le leur, soit en dehors du Parlement, soit au Parlement même, en ne votant pas toujours
selon l'impulsion de leur seule conscience.

Si notre idée de préparation électorale était acceptée,
nous pourrions modifier avantageusement cet état de choses.

Laissant les ministres et sénateurs inamovibles être
payés par le budget de l'État, on pourrait faire mandater
l'indemnité des autres membres des Chambres par les con-
seils généraux, ce qui dégagerait le Parlement de la déli-
cate mission de statuer sur ses émoluments.

De quoi se compose en effet le public éligible ? De gens à
revenus et de gens qui vivent de leur profession. Les délé-

gués, s'adressant à l'homme riche, stipuleraient pour sa part la représentation gratuite ; s'adressant à un négociant, à un avocat, à un artisan, ils régleraient avec lui à l'amiable le principe de l'indemnité parlementaire à allouer ; et, tout en conservant sa liberté d'appréciation, le Conseil général n'aurait plus qu'à statuer sur la décision des délégués et à arrêter pour chaque mandataire le chiffre de l'indemnité à leur allouer. Cela se fait déjà ainsi pour le jury, qui laisse ou ne laisse pas son indemnité aux jeunes détenus, pourquoi cela ne se ferait-il pas pour le Parlement ?

Nous aurions de la sorte des représentants pour notre argent ; il va de soi qu'il vaudrait mieux donner 90,000 francs à un homme de valeur qui nous ferait de bonne besogne et de bonnes lois, que dix fois 9,000 francs à des politiciens qui, depuis quinze ans, non seulement ne font rien de bien, mais encore nous font le plus grand mal. Nous éliminerions également de la sorte les non-valeurs : un médecin sans pratiques ou un avocat sans causes ne sera pas désireux de se mettre sur les rangs de la représentation, s'il doit ne trouver à Paris que l'équivalent des 1,000 ou 1,200 francs qu'il gagne chez lui.

Voilà une plate-forme électorale qui sera, nous l'espérons, comprise par le grand nombre de nos lecteurs, et tout au moins par les négociants qui siègent dans les Chambres de commerce ; si le Parlement recule devant une idée de progrès, un grand devoir leur incombe, et nous espérons bien que cette idée ne sera pas perdue.

Vivant au milieu de l'Europe, entourée de pays dirigés par des ministres de première force, la France est obligée, sous peine d'être frappée d'une irrémédiable décadence, d'être conduite habilement ; les efforts de tous les bons Français doivent être incessamment tendus vers ce but. L'avenir est à ce prix. Progrès ou décadence, tel est notre « delenda Carthago » ; mais il faut que nous mettions toute notre énergie patriotique, de la ténacité à faire aboutir nos idées, sans cela nous continuerons à piétiner sur place et à végéter jusqu'à ce que la France s'éteigne sous la botte d'un Cassagnac, sous les baïonnettes étrangères ou dans le gâchis, car, avec une Chambre composée en majeure partie d'obstructionnistes, nous n'obtiendrons jamais, des pouvoirs publics, travail qui vaille.

Une dissolution de la Chambre des députés s'imposera à bref délai au patriotisme des ministres, du président de la République et du Sénat, et il importe pour cette échéance que l'on soit prêt partout à envoyer cette fois au Palais-Bourbon des députés de France et non pas des délégués de journaux, des journalistes en quête de grabuge, et qui font métier et marchandise d'exciter à la haine et au mépris des citoyens.

FIN.

Imprimerie DESTENAY, Saint-Amand (Cher).